서사창의력을 길러 주는
이야기야, 놀자!

〈일러두기〉
원하는 스티커가 없을 때는 그림을 직접
그리거나 사진을 붙여서 책을 완성합니다.

서사창의력을 길러 주는
이야기야, 놀자!

초판 발행 2017년 11월 30일
1쇄 발행 2017년 11월 30일
글 와이스토리 편집부
발행인 윤성혜
기획 및 편집 김유진
디자인책임 디셉
발행처 와이스토리
출판등록 제333-2014-14호
주소 부산시 해운대구 수영강변대로 140 5층(부산콘텐츠코리아랩)
전화 070-7437-4270
홈페이지 http://y-story.co.kr

ⓒ 와이스토리
ISBN 979-11-88068-07-4 (73800)

이 책은 저작권법에 따라 보호를 받는 저작물이므로 무단 전재와 무단
복제를 금지하며 이 책의 전부 또는 일부를 이용하려면 반드시
저작권자와 와이스토리의 서면 동의를 받아야 합니다.

이 도서의 국립중앙도서관 출판예정도서목록(CIP)은
서지정보유통지원시스템 홈페이지(http://seoji.nl.go.kr)와
국가자료공동목록시스템(http://www.nl.go.kr/kolisnet)에서
이용하실 수 있습니다. (CIP제어번호 : CIP2017029987)

어린이제품 안전특별법에 의한 제품 표시사항		⚠ 주의
제조자명 와이스토리	**제조국명** 대한민국	책의 모서리가 날카로우니
제조년월 2017년 11월	**사용 연령** 만 6세 이상	던지거나 떨어뜨려 다치지 않도록 주의하시오.

서사창의력을 길러 주는
이야기야, 놀자!

글 와이스토리 편집부

차례

1장 이야기는 힘이 세다

이야기에는 무엇이 들어 있을까요? ……… 8
이야기는 힘이 무척 세요! ……… 10
이야기에는 어떤 힘이 있을까요? ……… 11
이야기로 서사창의력을 길러요! ……… 15

2장 나는 작은 이야기야!

내 기분을 말해요 ……… 22
나의 과거 현재 미래 ……… 23
내가 OO이라면? ……… 24

3장 내가 좋아하는 캐릭터

캐릭터의 성격을 맞춰요! ……… 28
내 캐릭터의 능력은 뭘까요? ……… 32
캐릭터끼리 대화해요 ……… 36

4장 내 이야기 좀 들어볼래?

내가 생각하는 이야기란?	42
모두모두 떠올리기	43
세 조각 이야기	44
원래는 하나의 이야기였다고?	48
정해진 결과로 이야기를 만들어요	52
스토리 큐브 만들기	54
황당하고 웃긴 이야기	57
다섯 조각 이야기	58

5장 나만의 책 만들기

세상에 하나뿐인 이야기	66

1장
이야기는 힘이 세다

🔴 이야기에는 무엇이 들어 있을까요?

 별자리에 얽힌 이야기들을 들어 본 적이 있나요? 하늘에 떠 있는 별에게 특별한 이름을 붙여 주고, 누가 누구를 사랑했고 질투했으며, 저주를 받았고 저주를 풀었다는 식의 이야기들이죠. 고대부터 지금까지, 밤하늘의 별부터 저 산골짝의 풀벌레에 이르기까지 그 안에 담긴 사연, 즉 이야기는 끝이 없이 이어집니다. 존 닐이라는 사람은 우리 인간을 '호모나랜스(Homonarrans)'로 분류했습니다. '호모나랜스'란 '이야기하는 사람'이라는 뜻이에요. 인간 누구나 '이야기하고 싶은 마음'이 있다는 말이지요.

여러분도 재미있고 흥미로운 이야기를 듣고 부모님이나 친구에게 말하고 싶었던 경험이 있을 거예요. 그뿐인가요? 책, 영화, 드라마, 유튜브 등 이야기가 들어 있는 것들을 보며 주인공의 행동에 웃기도 하고 때론 울기도 하지요. 이렇게 우리는 이야기 듣는 것을 좋아하고, 전달하기를 좋아하며, 만드는 것도 좋아합니다.

우리는 이야기의 어떤 면을 좋아하는 것일까요? 여러분은 책을 읽고 독후감을 쓸 때 이야기의 '이것'을 가장 먼저 떠올립니다. 바로

'줄거리'예요. 이야기에는 줄거리가 있습니다.

우리는 이야기를 할 때, 들을 때, 전달할 때 모두 이 줄거리를 통하며, 이야기를 좋아하는 것도 '줄거리' 때문입니다. 줄거리에는 무엇이 들어 있을까요?

"이야기에 어떤 사람이 나왔지?"
"그 사람이 어떤 행동을 했지?"
"그 사람은 어떤 어려움을 겪었지?"
"그 사람은 어려움을 어떻게 해결했지?"
"이야기가 어떻게 끝이 났지?"

우리는 이야기 속에 담긴 위 다섯 가지를 통해 이야기의 재미를 느낍니다. 또 이것을 정확히 모르면 이야기의 재미도 느낄 수 없고, 누군가에게 전달하기도 어려워요.

이야기는 힘이 무척 세요!

 여기 네 사람이 있습니다. 공자, 석가, 예수, 스티브 잡스! 이 네 사람의 공통점은 무엇일까요? 여러 가지 대답이 나올 수 있는데요. 이 네 사람은 다른 사람들에게 좋은 영향을 끼친 사람들이에요. 어떤 방법으로 좋은 영향을 주었을까요?

'재미있는 이야기'를 통해서입니다. 그들은 이야기로 사람들에게 메시지를 전달했고 사람들을 변화시켰어요. 잔소리를 한 것도 아니고, 강요하거나 혼내서 누군가를 변화시킨 것이 아닙니다. 그들은 그저 사람들에게 재미있는 이야기를 들려주었을 뿐이에요.

이처럼 '재미있는 이야기'는 사람들을 행복하게 하고 변화시키며, 때로 전 세계의 평화를 가져오기도 해요. 예를 들어, 가난한 사람을 도와야 한다는 점은 우리 모두 알고 있어요. 부모님이나 선생님, 또는 교과서를 통해 배웠어요. 하지만 "가난한 사람을 도와야 한다."라는 말로 우리 행동을 변화시킬 수 있을까요? 그 말보다는 가난한 사람의 이야기가 담긴 한 편의 영화, 드라마, 책을 보고 그들을 더 잘 이해할 수 있고, 행동이나 생각을 바꿔 직접 실천도 하지요.

만약 여러분이 이야기를 만든다면 어떤 이야기를 만들고 싶나요? 재미있는 이야기, 황당하고 웃긴 이야기도 있어요. 누군가를 변화시킬 만한 힘을 가진 이야기나 여러분의 생각을 잘 전달해 주는 이야기도 있어요.

이야기에는 보이지 않는 큰 힘이 있어요. 이야기의 힘은 이야기를 듣는 사람들의 마음속에 들어가서야 비로소 힘을 발휘하지요. 그 힘은 상상도 못할 만큼 세고, 생각도 못할 만큼 따뜻한 감동이 있어요. 그리고 우리를 좋은 방향으로 데려다주는 힘이 있지요.

이야기에는 어떤 힘이 있을까요?
-이야기에는 질서가 있어요
이야기는 무질서에서 시작돼요. 그 속에 '질서'를 넣으면 더욱 재미있어져요. 그 질서는 우리가 납득할 만한 질서, 즉 세상의 상식과 논리를 담은 질서여야 합니다. 단순히 에피소드만 나열

한다거나 메시지 또는 철학만 나열한다고 해서 이야기가 될 수 없어요. 이야기가 되려면 에피소드와 에피소드, 메시지와 철학 사이에 그럴듯한 인과관계가 있어야 해요. 따라서 이야기를 하면, 무질서한 사건을 정리하는 논리력을 기를 수 있어요.

-이야기에는 기쁨과 슬픔이 있어요
 인간이 논리와 규칙으로만 살아간다면 프로그램대로 움직이는 로봇이나 기계와 다를 것이 없겠지요? 인간에게는 상상의 세계를 만드는 능력이 있습니다.
그 속에는 인간만이 가진 고유한 감성과 생각이 담겨 있어요. 인간은 완벽하지 않은 존재이기 때문에 때로 실패하고 좌절하며, 슬퍼하기도 하지요.
이러한 인간 고유의 감정이 없다면 이야기는 지루하게 느껴질 거예요. 또한 그 좌절과 실패를 극복하고 도전하는 인간의 모습을 보여 줄 때 그 이야기를 듣는 사람들이 함께 행복을 느끼고 이야기의 즐거움과 재미를 만끽할 수 있답니다.

-이야기에는 목적이 있어요

 만약 이야기에 재미와 흥미만 들어 있다면, 이야기가 세상에서 할 수 있는 일은 반으로 줄어들 거예요. 이야기를 만들고 나누고 들었는데도 우리에게 변화가 없다면 재미로만 그칠 뿐만 아니라, 사람들에게 좋은 영향을 끼칠 수 없습니다.

세상에는 오직 재미만을 위해서 쓰여진 이야기도 있지만, 우리 삶에 감동을 주고 사람들을 변화시키고 더 옳은 방향으로 이끌기 위해 쓰여진 것도 많이 있어요. 이야기를 만드는 사람들은 뜻깊은 재미를 위해 이야기 속에 다양한 것을 집어넣습니다.

이솝우화 〈토끼와 거북〉을 읽으면 단순히 토끼와 거북이 경주를 하는 재미있는 줄거리뿐만 아니라, 토끼와 거북의 대사와 행동을 통해 배울 수 있는 교훈이 들어 있어요. 이것이 바로 이야기의 목적이에요. 따라서 이야기를 읽을 때는 이야기를 쓴 사람이 왜 그 이야기를 쓰게 되었을까 생각해 보는 것이 좋습니다. 또한 이야기를 통해 각자가 생각하는 바를 행동으로 옮기는 것도 중요하겠지요?

–이야기로 읽으면 이해하기 쉬워요!

 공부를 하다 보면 외우고 기억해야 할 것이 참 많지요? 수학에는 공식, 영어에는 문법, 한국사에는 연도와 사건 등 생각만 해도 골치가 아픕니다. 공부를 할 때 무조건 외우기만 해서는 잘할 수 없습니다. 어떤 개념을 기억한 뒤에는 그것을 이해하고 응용할 줄 알아야 어떤 문제 앞에서도 실력을 발휘할 수 있기 때문이에요. 하지만 이해하고 응용하기 위해서는 기본적인 개념들을 기억하고 외워야 합니다.

남들보다 좀 더 빨리, 오랫동안 기억하고 싶다고요? 그러기 위해서는 배운 지식을 여러 번 써 보거나 그림으로 그리면서 외우는 것이 좋습니다. 외우고 싶은 것을 반복해서 기억해 보고, 그것을 시각화해서 표현해 보는 것이죠.

또한 나만의 이야기를 만들어서 외우면 효과 만점이에요. 이야기는 한 번 들으면 잘 잊히지 않아요. 이야기의 흐름이 우리가 그것을 기억하기 좋도록 구성되어 있기 때문이에요. 자, 이제부터는 어떤 것을 외워야 할 때 이야기로 기억해 보세요.

이야기로 기억하면 이해하기 쉽고 오랫동안 기억할 수 있으니까요.

이야기로 서사창의력[1]을 기를 수 있어요!

'이야기'는 인류의 역사가 시작할 때부터 있었어요. 할머니가 손자에게, 그 손자는 다시 손자에게 이야기를 전달했지요. 전달하는 과정에서 자신의 생각을 더해 이야기를 새롭게 만들기도 하고요. 우리는 이렇게 만들어진 수많은 이야기 속에서 살고 있습니다.

여러분은 태어날 때부터 이야기꾼으로 태어났어요. '나는 이야기를 잘 못 만들어.'라고 생각하는 친구도 있겠지만, 그것은 그 능력을 키우지 않아서 여러분 마음에 숨어 있기 때문이에요. 누구나 재미있는 이야기를 만들 수 있는 재능이 있는데, 그보다 더 큰 재능으로 자신의 꿈을 키우기 때문에 이야기 능력을 잃어버린 거예요. 어른이 될 때까지 이야기 능력을 가지고 있는 사람들은 재미있는 책을 쓰고 영화나 드라마를 만드는 일을 하고 있고요.

---

1) 이야기를 만드는 과정에서 길러지는 독창적이고 능동적인 문제해결능력

여러분은 어떤 꿈을 꾸고 있나요? 아직 분명하진 않지만 저마다 좋아하는 것, 재미있는 것, 흥미로운 일이 있을 거예요. 모든 것이 다 재미있거나 재미없어도 괜찮아요. 꿈을 가지고 있든 가지고 있지 않든, 인간이면 누구나 가지고 있는 이야기 능력을 잊지 마세요. 그 능력은 어른이 되어 필요할 때가 참 많아요. 여러분이 미래 어떤 일을 하든지 창의력, 문제해결능력, 사고력, 이해력은 반드시 필요하니까요. 이야기를 만들면 여러분도 모르는 사이에 다음 네 가지를 덤으로 배울 수 있어요.

① 창의력이 쑥쑥!
 이야기는 본래 있었던 것도 있지만, 새롭게 만든 것도 아주 많아요. 이야기 속에 나오는 인물, 사건, 배경은 모두 인간의 창작 활동을 통해 태어납니다.

이야기를 만나면 "어떻게 이런 생각을 했지?" 하고 감탄할 때가 많아요. 작가들은 열심히 연구해서 새로운 인물과 사건을 만들어 냅니다.

단순한 인물이 아닌, 세상에서 처음 보는 인물을 만들어 내지요. 복잡한 사건이나 그것을 열심히 해결해 나가는 인간의 모습도 그려 내지요. 여러분이 좋아하는 애니메이션이나 만화책도 이러한 고민 속에서 태어난 거예요.

우리도 이야기를 만들면서 평소에 해 보지 못한 생각을 할 수 있어요. 평소에 만나 보지 못한 사람을 만날 수도 있고, 환상적인 사건도 만들 수 있어요. 이야기 속에서는 여러분이 주인입니다. 무엇이든지 만들 수 있으니까요.

② 문제를 해결하는 열쇠

 이야기에는 항상 문제가 등장하지요? 그런데 끝에 가면 어떤 방식으로든 그 문제가 해결됩니다. 이것을 '갔다가 돌아오기' 구조라고 해요. '갔다가 돌아오기' 구조를 이용해 이야기 만드는 연습을 하면 문제를 바라보고 그것을 해결할 수 있는 능력을 배울 수 있어요. 또한 주인공의 고난과 어려움을 함께 해결하면서, 문제를 해결하는 방법과 담대한 마음을 키울 수 있어요.

③ 생각하는 힘이 생겨요

이야기를 만들기 위해서는 자료를 찾고 공부도 열심히 해야 합니다. 이야기는 어느 날 갑자기 만들 수 있는 것이 아니니까요. 어떤 작가는 한 권의 이야기를 쓰기 위해 100권을 책을 읽는다고 합니다. 사람들에게 감동을 주고 공감을 얻기 위해서는 그들이 어떤 것을 좋아하는지, 어떤 것이 더 유익한지 알아야 하기 때문에 끊임없이 노력해야 합니다.

여러 번 생각하지 않으면 좋은 이야기를 만들 수 없어요. 한 번 생각하면 일만큼 좋은 이야기가 나오고, 백 번 생각하면 백만큼 좋은 이야기가 나온다는 점, 꼭 기억해 주세요.

④ 서로를 이해할 수 있어요

이야기에서 가장 중요한 것은 인물, 사건, 배경이에요. 세 가지 모두 중요하지만, 그 중에서 '인물'이 가장 중요합니다. 우리는 이야기에 나오는 인물을 통해 함께 웃고 우는 것을 좋아하기 때문이에요.

영화나 드라마를 볼 때 재미를 느끼는 이유는 그 이야기에 나오는 인물의 감정에 공감하고, 그의 경험을 이해하기 때문이에요.

또한 그들의 성격이나 행동을 보면 우리와 다르지 않아요. 우리 주변에 있을 법한 사람들이지요. 등장인물을 만드는 것은 한 사람을 이해하고 공감하고 배려하는 과정이에요. 이야기를 만드는 사람이 등장인물을 이해하지 못한다면, 그것을 보는 다른 사람들도 그 인물을 이해하지 못할 거예요.

등장인물을 이해하면 우리 주변 사람들을 더 잘 이야기하고 배려할 수 있어요. 여러분은 어떤 인물을 만들고 싶은가요? 여러분 주변에 있는 사람, 좋아하는 사람, 싫어하는 사람, 관심 없는 사람, 보고 싶은 사람을 이야기에 넣어 보세요. 좋아하는 사람은 더 많이 사랑할 수 있어요. 싫어하는 사람도 조금씩 이해가 되고, 차츰 좋아지는 마음이 생겨요.

이야기 만들 준비가 되었나요?

'세상에 단 하나뿐인 나의 이야기'는 최고의 재산이에요. 그리고 다른 사람들이 내 이야기를 읽고 재미를 느끼고 각자 생각을 하고 좋은 행동으로 옮긴다면 얼마나 뿌듯할까요? 한 편의 이야기처럼 재미있게, 때로는 어려움을 이겨내며 도전하면서 살아가 보는 거예요.

자, 지금부터 이야기와 함께 신나게 놀기 위해 떠나 볼까요? 출~발!

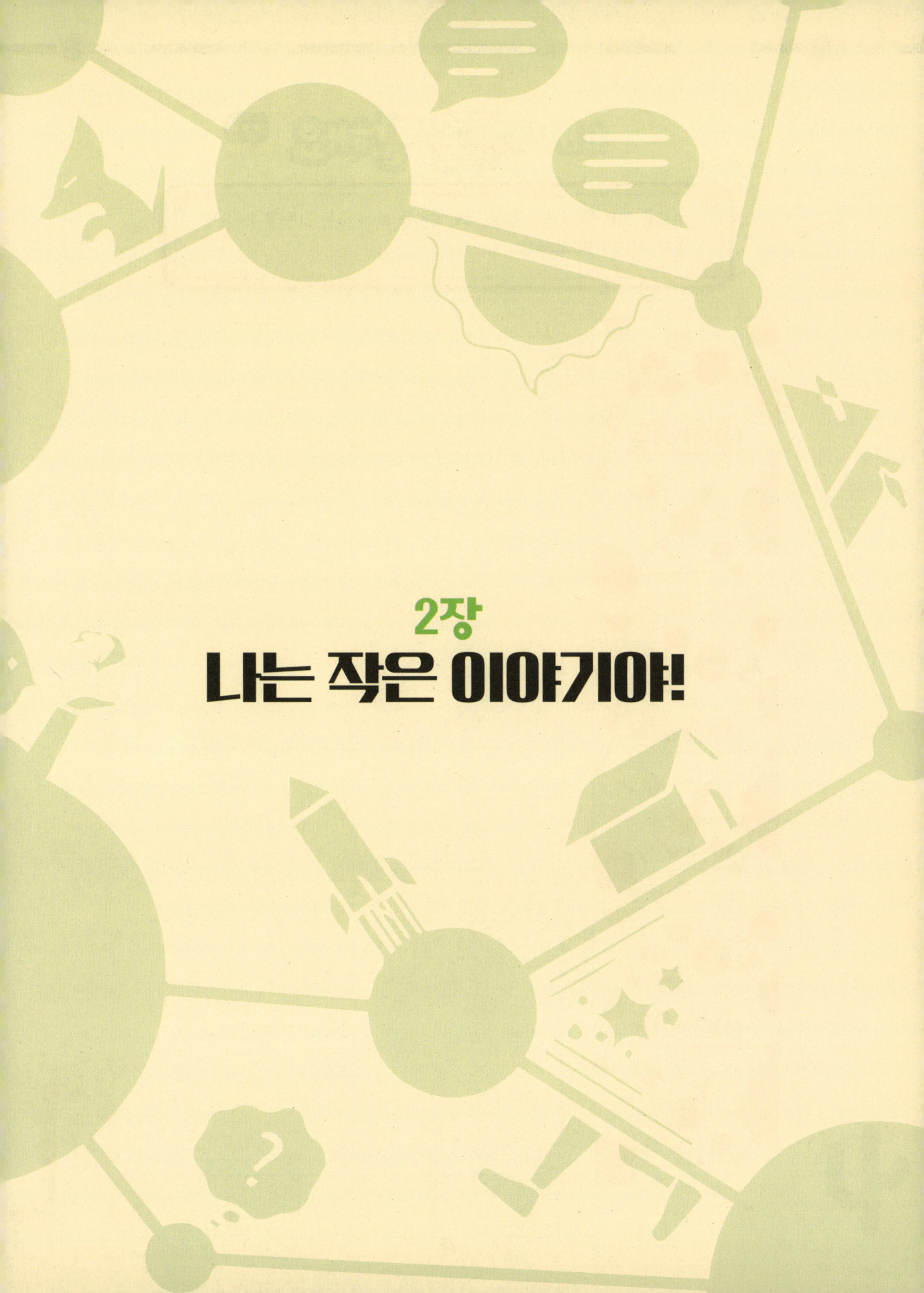

2장
나는 작은 이야기야!

내 기분을 말해요

카드를 모두 펼쳐 놓으세요. 내 기분을 보여 주는 그림을 2~3장 골라 이야기해 보세요.

나의 과거 현재 미래

카드를 모두 펼쳐 놓으세요. 나의 과거, 현재, 미래를 보여 주는 카드를 3장 뽑아서 이야기를 해 보세요.

과거

현재

미래

내가 00이라면?

내가 만약 OO이라면 무슨 일이 벌어질까요?
그림 스티커에서 골라 상상한 내용을 적어 보세요.

세상에 숫자가 사라진다면?

내가 투명인간이라면?

동물과 대화할 수 있다면?

다른 사람의 마음이 들린다면?

성별이 바뀐다면?

미래를 볼 수 있다면?

3장
내가 좋아하는 캐릭터

캐릭터의 성격을 맞춰요!

카드를 모두 펼쳐 놓은 다음, 단어와 어울리는 카드를 골라 보세요. 정답은 없습니다. 여러분이 생각한 대로 단어와 카드 그림을 짝지어 보세요.

- 자신감이 있다
- 용기가 있다
- 잘 돕는다
- 참을 줄 안다
- 정리를 잘한다
- 잘 웃는다
- 창의적이다
- 아는 것이 많다
- 대화를 잘한다
- 편안하다

호기심이 많다

눈물이 많다

맡은 일을 잘한다

이해를 잘한다

사랑스럽다

열심히 한다

다정하다

명랑하다

상상력이 풍부하다

캐릭터의 성격을 맞춰요!

카드를 모두 펼쳐 놓은 다음, 단어와 어울리는 카드를 골라 보세요. 정답은 없습니다. 여러분이 생각한 대로 단어와 카드 그림을 짝지어 보세요.

- 소심하다
- 인정을 받고 싶다
- 불안하다
- 싸우다
- 게으르다
- 욕심이 많다
- 낭비가 심하다
- 실망하다
- 남과 비교하다
- 눈치를 보다

미워하다

남보다 못하다고 생각한다

화가 나다

잘난 척하다

싫증이 나다

긴장하다

걱정하다

내 캐릭터의 능력은 뭘까요?

다음 그림을 보고 각각에 어울리는 캐릭터의 성격과 약점 등을 써 보세요.

이　　　름 _____
장　　　점 _____
약　　　점 _____
특 수 능 력 _____
특수능력으로
해결한 문제 _____

이　　　름 _____
장　　　점 _____
약　　　점 _____
특 수 능 력 _____
특수능력으로
해결한 문제 _____

이　　　름 _____
장　　　점 _____
약　　　점 _____
특 수 능 력 _____
특수능력으로
해결한 문제 _____

이　　　름 _____
장　　　점 _____
약　　　점 _____
특 수 능 력 _____
특수능력으로
해결한 문제 _____

이　　　름 _____
장　　　점 _____
약　　　점 _____
특 수 능 력 _____
특수능력으로
해결한 문제 _____

이　　름
장　　점
약　　점
특 수 능 력
특수능력으로
해결한 문제

이　　름
장　　점
약　　점
특 수 능 력
특수능력으로
해결한 문제

이　　름
장　　점
약　　점
특 수 능 력
특수능력으로
해결한 문제

이　　　름	
장　　　점	
약　　　점	
특 수 능 력	
특수능력으로 해결한 문제	

이　　　름	
장　　　점	
약　　　점	
특 수 능 력	
특수능력으로 해결한 문제	

이　　　름	
장　　　점	
약　　　점	
특 수 능 력	
특수능력으로 해결한 문제	

캐릭터끼리 대화해요

두 캐릭터가 대화를 나누고 있습니다. 세상에 있는 모든 게임이 다 사라졌기 때문이에요. 둘은 어떤 대화를 나눌까요?

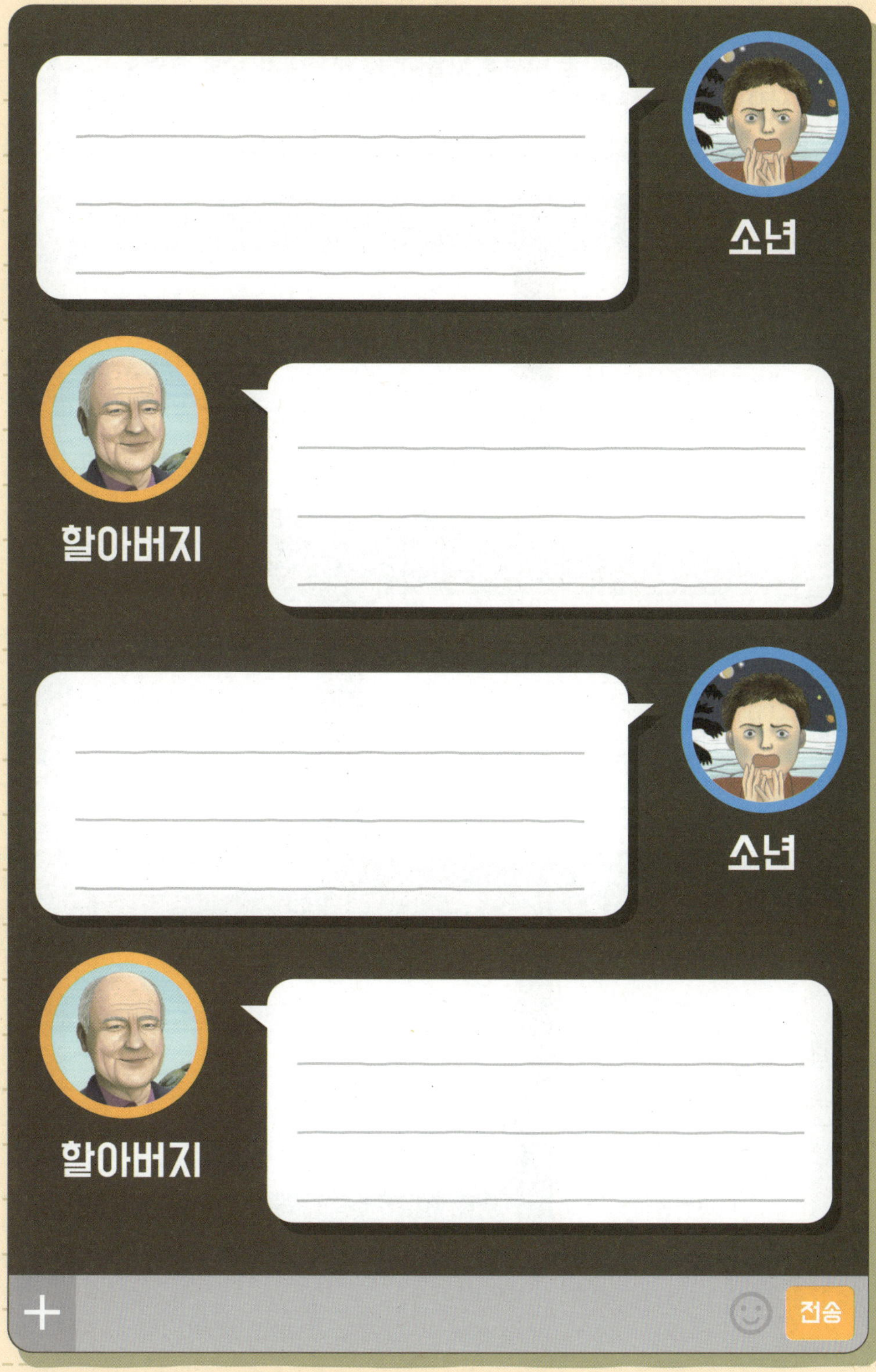

소년

할아버지

소년

할아버지

캐릭터끼리 대화해요

두 캐릭터가 대화를 나누고 있습니다. 캐릭터와 나눌 주제를 자유롭게 정해 보세요.

캐릭터 그리기

캐릭터 그리기

캐릭터 그리기

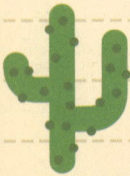

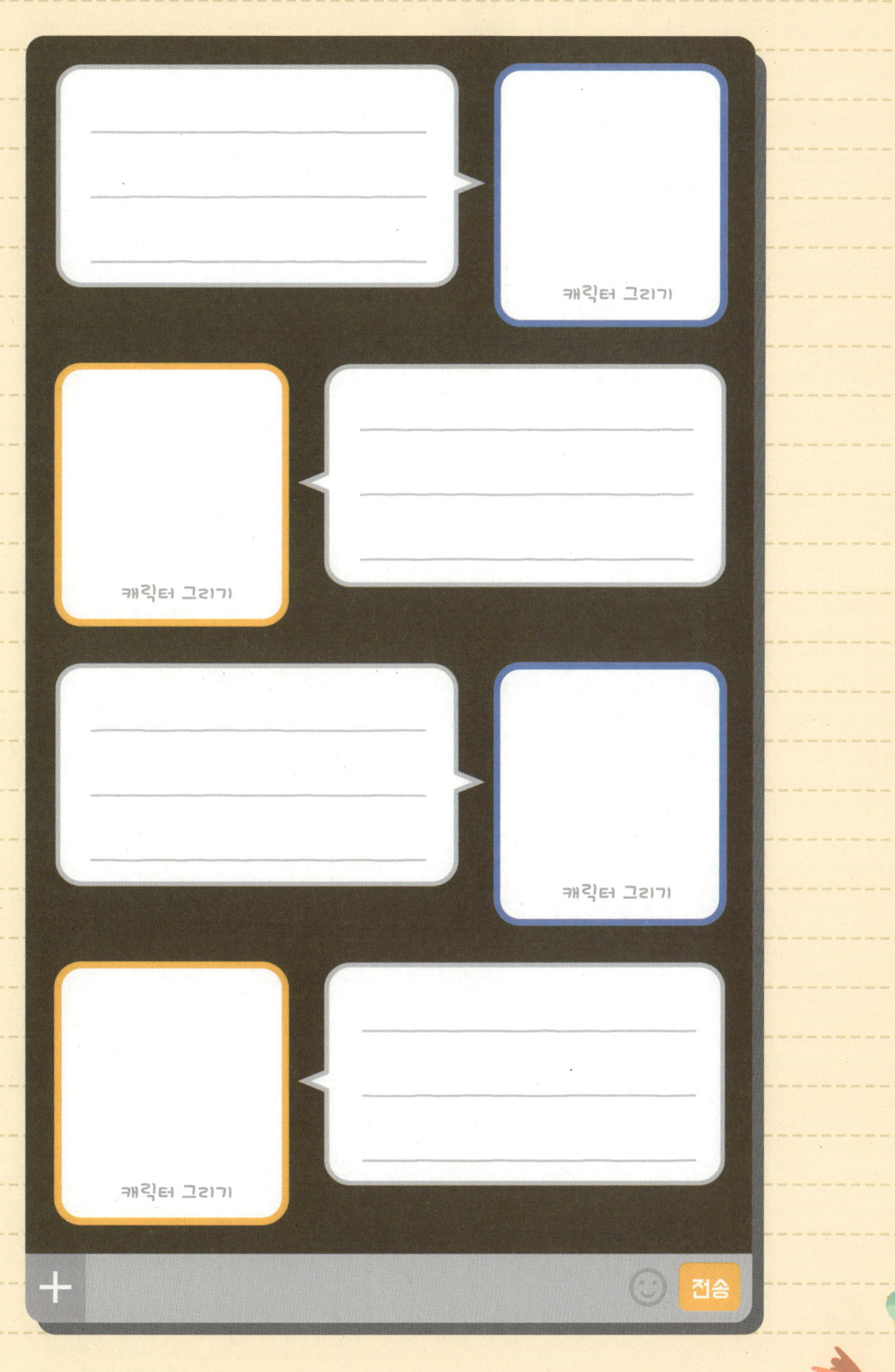

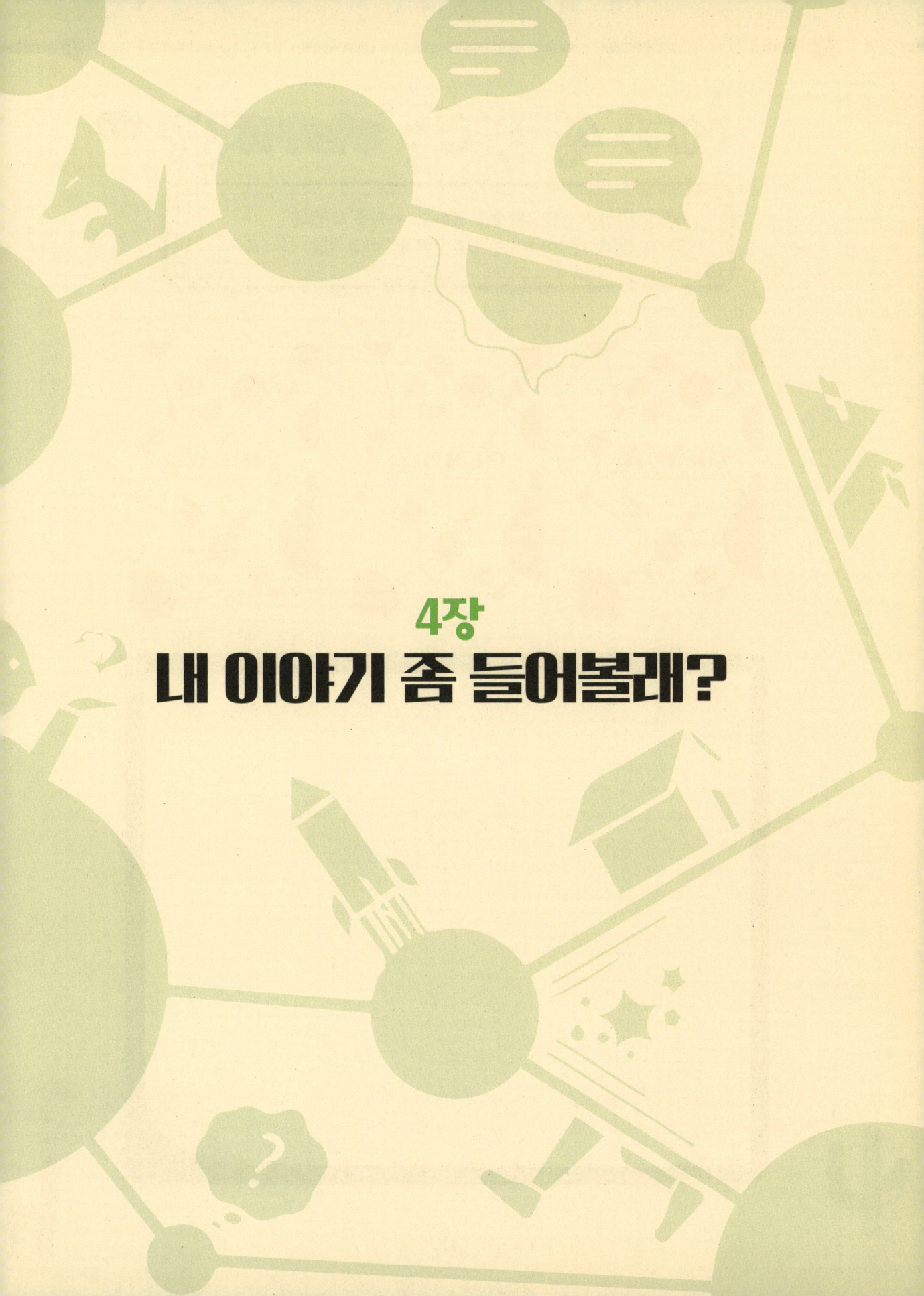

4장
내 이야기 좀 들어볼래?

내가 생각하는 이야기란?

카드를 뒤집어 놓고 세 장을 뽑아요. 카드를 보면서
"내가 생각하는 이야기는 ○○이에요."라고 말해 보세요.

모두모두 떠올리기

다음 그림에 있는 상자 안에는 수많은 이야기가 담겨 있어요.
여러분이 아는 이야기책의 제목을 모두 떠올려 보세요.

세 조각 이야기

다음 세 장의 카드로 이야기를 만들어 보세요. 가족이나 친구들도 함께 해 보세요. 같은 그림이지만 다양한 이야기를 만날 수 있어요. 카드 순서를 바꿔도 돼요.

1

2

3

① ② ③

세 조각 이야기

자신이 고른 세 장의 스티커로 이야기를 만들어 보세요.
이야기의 주인공과 사건을 생각하며 이야기를 만들어요.

1

2

3

1

2

3

원래는 하나의 이야기였다고?

다음 두 장의 카드는 원래 하나의 이야기였습니다. 두 장을 합쳐 하나의 이야기로 만들어 보세요. 그림도 하나로 합해 그려 보세요.

위 두 장의 그림을 합해서 그려 보세요.

원래는 하나의 이야기였다고?

카드를 뒤집어 놓고 두 장을 뽑습니다. 뽑은 두 장의 카드는 원래 하나의 이야기였습니다. 두 장을 합쳐 하나의 이야기를 만들어 보세요. 그림도 하나로 합해 그려 보세요.

? + ?

위 두 장의 그림을 합해서 그려 보세요.

정해진 결말로 이야기를 만들어요

다음 주어진 결말 카드로 끝나도록 이야기를 만들어 보세요.
단, 세 장의 카드만 쓸 수 있어요.

The End

그녀는 성형수술이
대박이 난 뒤
톱스타가 되었습니다.

The successful plastic surgery
made her A-list celebrity.

이야기톡
EEYAGI TALK

The End
그는
검색어 1위에
오르게 되었습니다.
He was ranked No. 1
on the
Internet hit list.

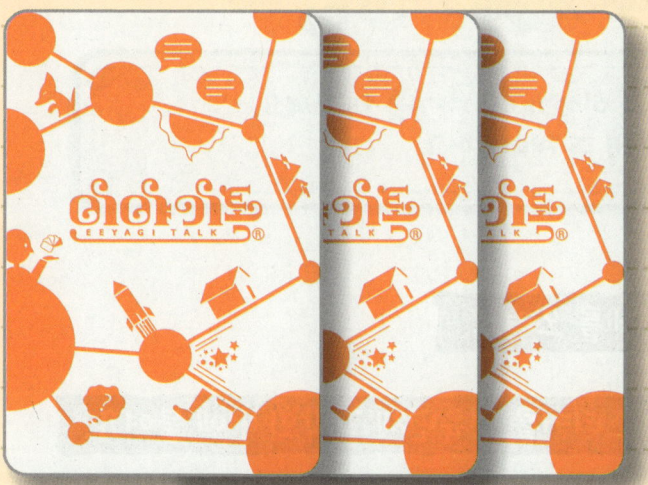

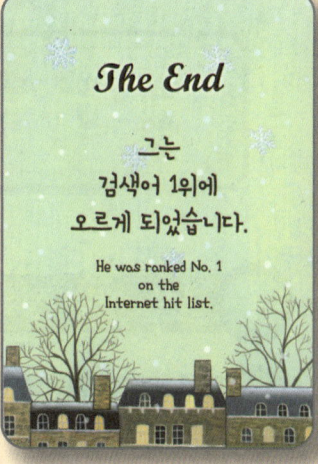

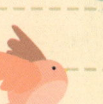

스토리 큐브 만들기

친구들이나 가족들과 이야기 이어가기를 해 보세요.
이야기는 같이 만들면 더 재미있어요.

1. 선을 따라 정육면체를 오려요.
2. 이야기에 필요한 스티커를 정육면체 각각의 면에 붙여요.
3. 풀을 이용해 정육면체를 완성하세요.
4. 친구들이나 가족이 모여 한 사람씩 정육면체를 던져요.
5. 던져서 나온 면에 붙어 있는 스티커를 보고 이야기를 해요.
6. 다음 사람은 앞에 사람이 한 말을 이어 이야기를 만들어요.
7. 같은 그림이 또 나와도 괜찮아요.

"나는 이야기 상자예요."

스토리 큐브 만들기

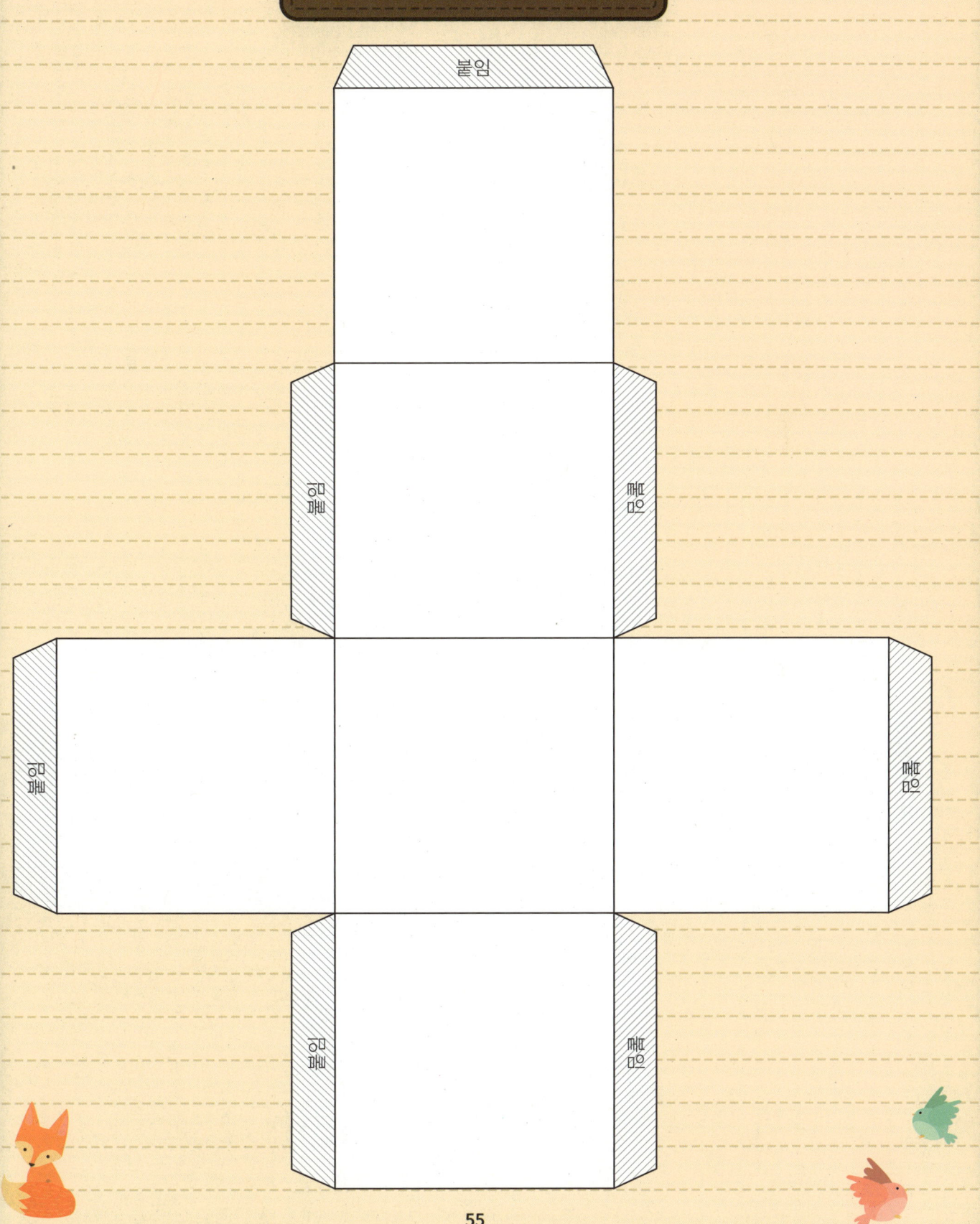

황당하고 웃긴 이야기

> 세상에서 가장 황당하고 웃긴 이야기를 세 장의 카드로 만들어 보세요. 이야기의 주인공과 사건을 생각하며 이야기를 만들어요.

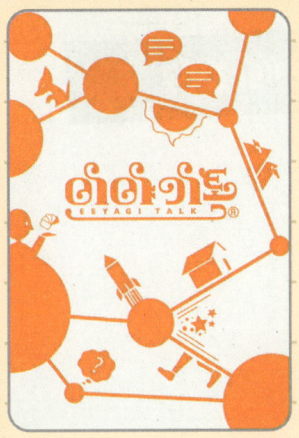  

다섯 조각 이야기

다음 그림을 보고 다섯 조각으로 이야기를 만들어 보세요. 이야기의 주인공과 사건을 생각하며 이야기를 만들어요.

이야기의 주인공

주인공이 하고 있는 일

그 일을 방해하는 것

갈등을 해결하는 방법

이야기의 결말

다섯 조각 이야기

여러분이 고른 다섯 장의 카드로 이야기를 만들어 보세요. 이야기의 주인공과 사건을 생각하며 이야기를 만들어요.

이야기의 주인공

주인공이 하고 있는 일

그 일을 방해하는 것

갈등을 해결하는 방법

이야기의 결말

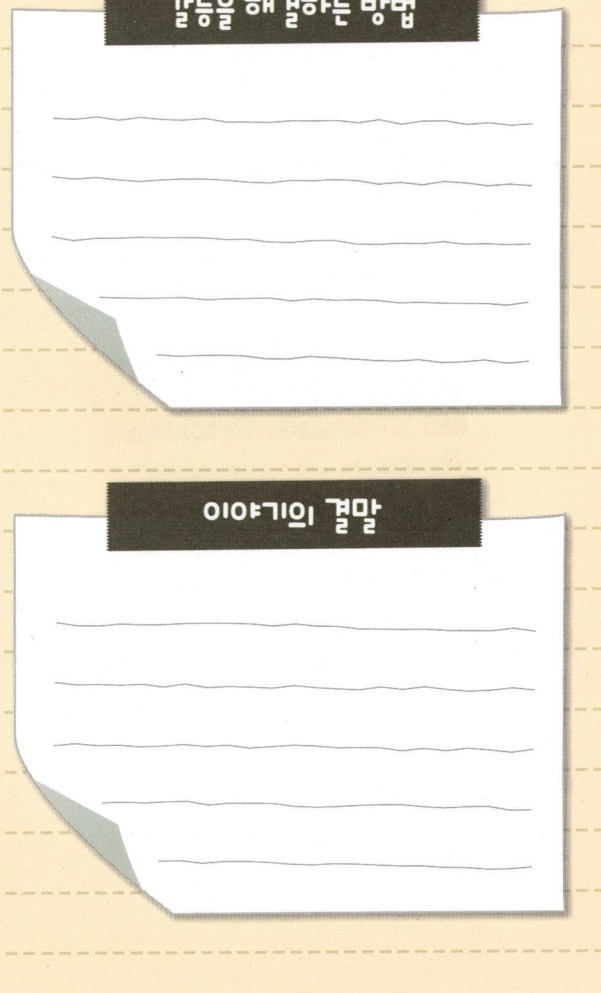

다섯 조각 이야기

여러분이 고른 다섯 장의 카드를 이야기를 만들어 보세요. 이야기의 주인공과 사건을 생각하며 이야기를 만들어요.

이야기의 주인공

주인공이 하고 있는 일

그 일을 방해하는 것

갈등을 해결하는 방법

이야기의 결말

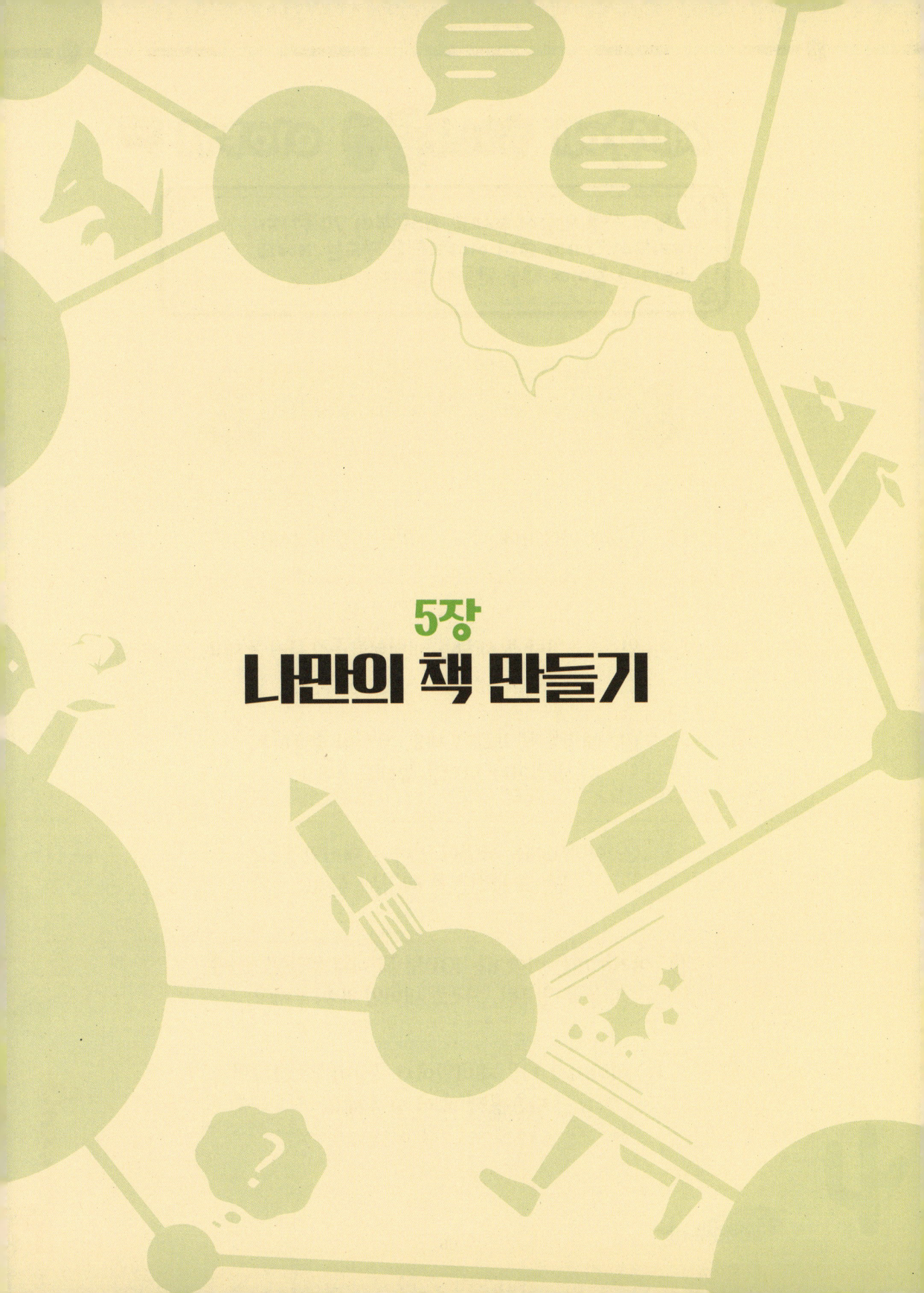

5장
나만의 책 만들기

세상에 하나뿐인 이야기

나만의 책을 만들어 보세요. 68쪽부터 74쪽까지 여러분이 작가가 되어 이야기책을 만드는 거예요. 스티커를 붙이며 책을 만들어 봅시다.

이야기를 만들 때는…

① 내 이야기에 나오는 주인공을 정해 보세요.

② 주인공을 돕거나 방해하는 캐릭터를 등장시켜 보세요.

③ 배경을 생각해 보세요. 자신이 좋아하는 풍경이나 나라를 정해도 좋아요.

④ 이야기에는 사건이 있어야 재미있겠죠? 단, 그 사건은 꼭 해결해 주세요.

⑤ 여러분이 쓴 이야기는 100년 뒤 아주 유명한 책으로 나올 수 있으니, 최고로 재미있게 써 주세요.

⑥ 이야기가 너무 재미있어서 공간이 부족하다면 다른 공책에 더 써 주세요.

글 :

표지에 그림을 그려요.

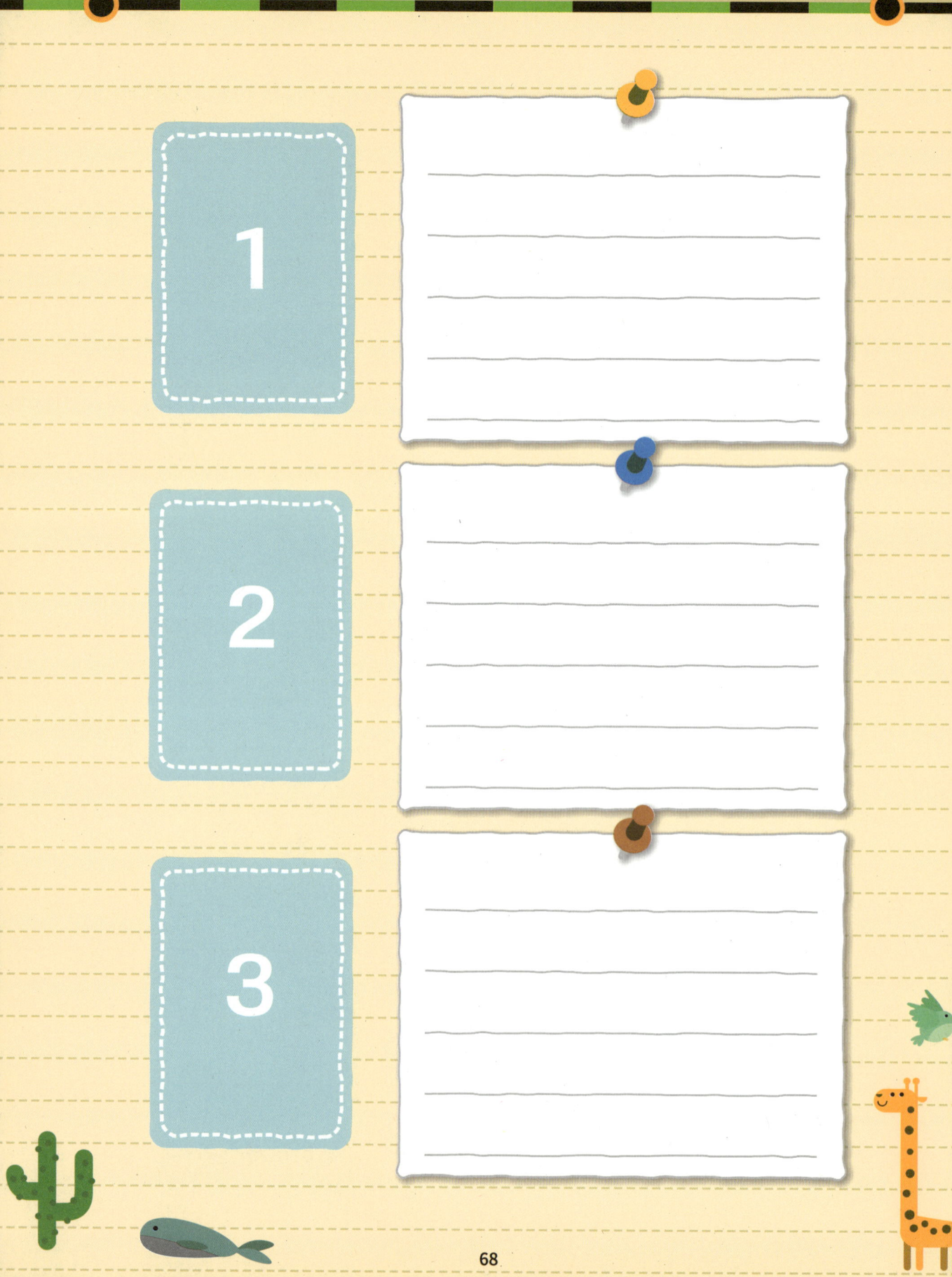

4

5

6

10

11

12

13

14

15

16

17

18

19

20

책을 쓰고 난 소감